Die LYRIKEDITION 2000
begründet von Heinz Ludwig Arnold

Das Buch

»Ludwig Steinherrs kluge Gedichte zielen auf Erkenntnis durch überraschende Pointen. (...) Sie sprechen vom menschlich Beschränkten und von dem, was darüber ist, vom Denken und vom Glauben, vom irdisch Kleinen und vom göttlich Großen. (...) Die unaufdringliche, ganz ins poetische Bild verwandelte Dialektik seiner Gedichte dient der Beunruhigung und dem Nachsinnen des Lesers. (...) Höchste Zeit, ihn als einen der eindringlichsten Lyriker der Gegenwart öffentlich wahrzunehmen.«

Wulf Segebrecht, Frankfurter Allgemeine Zeitung

Der Autor

Ludwig Steinherr, geboren 1962 in München, studierte Philosophie und promovierte 1995 mit einer Arbeit über Hegel und Quine. Er lebt als freier Schriftsteller und Lehrbeauftragter für Philosophie in München. Für seine bisher erschienenen neun Gedichtbände erhielt Steinherr mehrere Auszeichnungen, darunter den Staatlichen Förderpreis für Literatur (1991), den Leonce-und-Lena-Förderpreis (1993), den Evangelischen Buchpreis und den Hermann-Hesse-Förderpreis (beide 1999). Seit 2003 ist er Mitglied der Bayerischen Akademie der Schönen Künste.

In der Lyrikedition 2000 erschienen bisher die Gedichtbände »Fresko, vielfach übermalt« (2002), »Hinter den Worten die Brandung« (2003), »Musikstunde bei Vermeer« (2004), »Die Hand im Feuer« (2005) und »Von Stirn zu Gestirn« (2007).

Ludwig Steinherr

Kometenjagd

Gedichte

LYRIK
EDITION
2000

Weitere Informationen über den Verlag und sein Programm unter:
www.lyrikedition-2000.de

Gefördert von Books on Demand, Norderstedt

© 2009 LYRIKEDITION 2000 in der Buch&media GmbH
Umschlaggestaltung: Buch&media GmbH, München
Herstellung: Books on Demand GmbH, Norderstedt
Printed in Germany
ISBN: 978-3-86906-043-9

I

HAND DES NEUGEBORENEN

Wie sie sich öffnet
schließt
wie sie umhergreift
blind
im sanften Rhythmus –

eine Seelilie
die sich ernährt
vom Staunen

LETTERN

Ein Schaufenster
voller roter Hände
wild gestikulierend –

Gebärdensprachschule
steht darüber –

Tritt nicht ein!
flehen die roten Hände –

sonst sind wir geschieden
von Wolken und Bäumen
sonst verstummen wir
für immer

SCHON DAS ATOM
ist infiziert
ist angreifbar
verführbar
zu Schmerz Lust
Licht und Dunkel
zu rotem Gewitter
spaltendem Blitz
zu Fressen und
Gefressenwerden
zum stillen Vergnügen
metaphysischer
Spiele

Tontäfelchen mit dem ersten Alphabet der Welt

Das war schon
viel später –

Da war alles
längst geschehn –

Ohne Zeugnis
das erste gestammelte
Wort

dieser Atomblitz

der die selbstvergessene Schöpfung
für immer
kontaminiert hat

mit Geist

BAUM DER ERKENNTNIS

Ja, so wünscht man sich das –

erst den Samen verstehn
dann die hervortreibenden
weißlichen Wurzeln
den hellgrünen Trieb
dann mit Termitenfleiß aufwärts
den emporwachsenden Stamm
dann Ast um Ast
und Zweig um Zweig
und Blatt um Blatt
den traumentlaubten Wipfel –

Erst die Feder verstehn
(gepünktelt getüpfelt
ihr Blau oder Gold)
dann die Kralle
den Schnabel
dann das zierlich
ins Nichts gehängte Mobile
des Skeletts
dann tief im Gefiederbüschel
das glanzberaubte
Dunkel des Augs –

Aber da schillert
der Regenwald
voller Gekreisch
ein Gewirr gleißender Klingen
und du weißt nicht
was dir entgegenschießt –

Blätter?
Vögel?
Ein Gedicht?

WARUM SCHREIBEN SIE KEINE ROMANE?

Der Augenblick
des aufblühenden Fensterladens –

Der Hall meiner Schritte
auf erwachenden Straßen –

Die langsame Geburt
einer Frucht
aus dem Dunkel –

Ein Gesicht
vom Frühlicht
sanft erkundet –

Ich kann mich nicht
losreißen
vom endlosen Morgen
der Dinge

JETZT

Dieser Morgen
verstört mit seinem
fanatischen
alles bejahenden Licht –

irgendwo
gerade jetzt
tickt ein Zeitzünder
verspritzt eine Arterie ihr Blut
gerät ein Mund
unter Wasser –

und dabei zittert
dieser Morgen
unter den Fingerspitzen
des jungen Mädchens
das drüben
auf dem Balkon
seinem Freund
zum ersten Mal
die Haare schneidet

DER KOMETENJÄGER
(Pierre Méchain, 1744–1804)

Er entdeckte
in seinem Leben
8 Kometen
und 26 Deep-Sky-Objekte
darunter einen Kugelsternhaufen
und zwei Galaxien –

Im Tosen der Französischen
Revolution
versuchte er die Länge
des Meridians
von Dünkirchen bis Barcelona
zu vermessen –

Wurde verhaftet
weil Revolutionäre seine Instrumente
für Waffen hielten –

Verlor sein Vermögen
und starb bei seiner letzten
Expedition in Spanien
am Gelbfieber –

Aber das Urmeter
nach seinen Messungen berechnet
liegt seither in Paris
im Stahlschrank –

0,2 mm zu kurz
aufgrund eines Fehlers –

seltsames Messingstück
Kuriosität
nutzlos und melancholisch

wie ein Gedicht

GROSSE FERIEN

Die dunklen Tafeln
in den verlassenen Klassenzimmern –

Milchstraßen von Kreidestaub
erhellen spärlich
ihre Unermeßlichkeit –

Verstreute Lettern
vergessen ihr Latein
ihr Griechisch
verfallen wieder ins
orphische Kindergestammel
des Anfangs –

Rastlose Dreiecke
endlich aus ihrem muffigen Karton
freigelassen

flattern zurück
als Schmetterlinge
auf die Sommerwiese
der Ideen
wo Platon ihnen zärtlich
den Zeigefinger hinhält –

Nur die dunklen Tafeln
starren reglos –

Schwarze Löcher
unersättlich
begierig

nach Zukunft
nach Leben

MYTHOLOGISCH

Weil die Prophezeiung düster war
weil die Schwangere träumte
eine Fackel zu gebären
setzte man den Knaben aus –

Natürlich wird er gerettet werden
ein Hirte ein Bauer stehen bereit
selbst eine Wölfin würde
ihn säugen, damit er
seinem Schicksal nicht entgeht –

Sieh ihn herumstreifen
in den Wäldern
ziellos seine Zeit versäumen:
er ist frei denn
der Frevel der Greuel die Bluttat
sind ihm gewiß –

Sehr viel später erst
wird ihn die Hoffnung überlisten
wird er Pläne schmieden
Träume haben
Briefe schreiben Schiffe erreichen –

und wenn du ihm begegnest
nachts auf einem Bahnsteig
im dunklen mythischen Teich
einer Scheibe
gleicht er dir
aufs Haar

BAHNHOFSHALLE

Inflation der Ankunftsblicke
Abschiedsworte –

Soviel Geschichte
daß kein Chronist
mitschreiben könnte –

Balkonszenen
und Beichtgeflüster
vom Trittbrett aus –

Liebkosungen
verstohlen zugesteckt
wie Drogenbriefchen –

Jeder Türenschlag
ein Scherenschnitt
der Atropos

Campo de' Fiori

Lieblicher Name!
Geschwätziger Ort!

Hier wurde der Lichtketzer
Giordano Bruno
bei lebendigem Leib verbrannt –

der Tobsüchtige
der die Klosterschriften
in die Latrine geworfen hatte

der Lichtrasende
der geschrien hatte
Gott sei in allem –

Eine zuckende Feuersäule –

die Zunge war ihm
festgebunden worden
aus Angst –

Campo de' Fiori –
Blumenmarkt –

aus Eimern aus Kübeln
schlagen tausendfarbig
Flammen

schwarz
krümmt sich
das Wort

STUMMES

Knospen
vor dem Aufplatzen
vom Frost erstickt –

Vogeljunge
auf dem Pflaster zerschmettert –

Föten
noch im Mutterleib
abgetötet –

Lichtblitze
Funken der Wahrheit

reiner
klarer

als wir

2

Auf einen Apfel

Kühles Erotikon –
Saftige Geometrie –

Kein Zwiespalt
zwischen Fleisch und Geist –

Schamlos
zeigt er den Nabel
der Adam und Eva
auf alten Bildern
fehlt –

Seliger
als die Kugelmenschen
in Platons Mythos
umkreist er
die eigene Mitte –

Unbewegter Beweger

im Kardinalsrot
reinster
Lust

Alice in Wonderland
(nach der Oper von Unsuk Chin)

Das Nichts
starrt uns an –

Ein Gleißen am Himmel –

Ein Grinsen
ohne Katze –

Seine Krallen
die es nicht gibt
spielen mit uns

verletzen uns
mit Wundern –

Wir fliehen
von Blendung
zu Blendung

LICHTVERHÄLTNISSE

Die Göttin erwartet mich
vor dem Café –

Wo sind ihre tausend Arme?
Ihre tausend Augen?
Wo ist ihr schlangenzüngelndes Haar?

Sie küßt mich
mit ihrem einzigen Mund
auf die Wange
spricht mit ihrer
einzigen Stimme –

und alles ist
ganz schrecklich
einfach

Du, barfuss

Deine schmalen Füße –
Deine schmalen
langen Zehen –

Zehen einer Ägypterin
in Sandstein stilisiert –

Tänzerinnen
Priesterinnen
Flötenspielerinnen
wandern auf deinen Sohlen
über Tempelfriese
Reliefs
Papyrusrollen –

Deine Füße
kommen von weit her –

Sie gehorchen
einem sehr alten Gesetz –

Ihre sanfte Parallelität
erinnert
an die Schultern
von Herrscherpaaren
die ihre Augen
gemeinsam
gelassen
ins Jenseits richten –

Es ist nicht leicht
für solche Füße
passende Schuhe zu finden –

immer hast du dich
für sie
ein wenig
geschämt

ORPHEUS

Leicht ist
die Liebe
Auge in Auge –

Ihr Götter
erspart uns die Prüfung
daß ein Reflex
ein Blick
über die Schulter
alles entscheidet

STECKNADELSTILLE

Seidenknisternde Dämmerung
während Frauenhände
beflissen
einen Rocksaum hochstecken –

Der aufgespießte Falter
schlägt mit den Flügeln –

Ein goldener Blitz
sticht das verbotene Wort
in die gehorsam
herausgestreckte
Zunge –

Etwas fällt unsichtbar
fällt endlos

in der Stecknadelstille
des Gedichts

DETAIL

An deiner jungen Schulter
das einzelne weiße Haar
spinnwebfein
überlang
wächst es
immer wieder hervor
sooft du es auch ausreißt
dein Hexenhaar
nennst du es –

Diese Nacht
fern von dir
im Hotelzimmer
wächst es mir
von weither
um die Kehle

Zum Beispiel

Dieser Augenblick –
du bückst dich
lachend
die Einkaufstüte im Arm
(eine Dose ist
in den Schnee gerollt) –

auf deinem Kragen
diese einzelne Schneeflocke
leuchtend übergroß –

nach so vielen Jahren
noch immer
nicht geschmolzen

BLOLO-BLA- UND BLOLO-BIAN-STATUETTEN DER BAULE, ELFENBEINKÜSTE

In Holz geschnitzt
erscheinen sie uns:
die Jenseitsgeliebten –

Ehegatten
mit denen jeder von uns lebte
bevor er zur Welt kam –

Sie beobachten unser Dasein
helfen uns
stiften Glück –

Doch nie dürfen
wir sie vergessen –

Ihre Eifersucht
flammt wild
und zerstörerisch –

Oft verlangen sie
eine Nacht für sich –

Als Zerrissene lieben wir
unter ihrem
begehrlichen
Blick

Jede irdische Liebe
ist in ihren Augen
Verrat

SCHÖNHEIT

Als hätte man ihr
das Rückgrat
zum rechten Winkel
gebrochen –

Kaum einen Meter hoch
Filzhaar
Mumiengesicht

schleicht sie
mit ihren Plastiktüten
durch die U-Bahngänge

erstarrt
immer wieder
in einem unsichtbaren Lächeln –

Jene entsetzliche Art von
Schönheit

in die sich Erzengel
unsterblich
verlieben

3

Tage wie dieser –

Schneesturm –
Das Telefon tot –
Dämonen und Erzengel streiken –
Kein ernsthafter Vers wagt
bei diesem Wetter
an meine Stirn zu klopfen –

Tage wie dieser –

Jackpot
in der kosmischen
Lotterie

GLÜCKSKEKSE
(meinem Sohn)

Deine plötzlichen Einfälle –

Heute:
von deinem ganzen Taschengeld
auf einen Schlag
42 Glückskekse!

Die Gesichter der
chinesischen Verkäufer
vervielfachten das Lächeln
der Buddhas im Regal –

Du liefst mir entgegen
auf beiden Armen
die Goldfolie-Päckchen

so glücklich
so verletzlich

daß ich glaubte
in der nächsten Sekunde
müsse etwas Schlimmes geschehn
ein Auto dich überfahren –

Aber das Schicksal
war an diesem Tag
ein Drache
der freundlichen Art

und blinzelte nur
mit goldenen
Wimpern

Susanne Katharina auf dem Totenbett
(Bleistiftzeichnung von Adolph v. Menzel, 1863)

Dies ist Susanne Katharina
für immer nun siebeneinhalb Jahre alt
Dies sind die Nasenlöcher von Susanne Katharina
vor denen kein Spiegel und kein Regenfenster mehr beschlägt
Dies ist die ewig faltenlose Stirn
von Susanne Katharina
die keine Träume mehr verbirgt
Dies ist der kleine Mund von Susanne Katharina
der niemals einen Geliebten küssen wird
Dies sind die Haare von Susanne Katharina
zerrauft auf dem Kissen
die bald ein letztes Streicheln berührt
Dies sind die langen langen Wimpern
von Susanne Katharina
jede einzelne ein Wunder
jede einzelne ein begonnener Strahl

Für die Engel

Für die Engel
(jeder seine eigene *essentia*)
sind wir Mißgeburten
unsere Körper
grotesk
wie Alien-Fantasien
eines Comic-Zeichners –

Unsere Gelüste
und Begierden
begreifen sie so wenig
wie wir die Gelüste
und Begierden
der Spulwürmer –

Durchs Mikroskop
betrachten sie unsere
Lebenskämpfe
Geschlechtsakte
und führen sachlich
ihre Strichlisten –

Ihr Mitleid
ist grenzenlos
doch abstrakt –

Nur in Augenblicken
in denen wir
innehalten
verzaubert vom Lichtreflex
auf einer Regenpfütze

kann es sein
daß sie aufschaun –

für einen unendlich
verwunderten
Wimpernschlag
erinnert
an sich selbst

Boten

Ein einziges Mal
geschah es –

aus dem leutseligen
niedrigen Barockhimmel
über dem man Schritte
und Klopfen der
Restauratoren hörte
aus dem prall gewölbten
rosa und blaßblauen Himmel
voller lasziver Engel
schlug mir etwas
vor die Füße –

Rostiges Metallstück
verbogener Nagel
handgeschmiedet
vor Jahrhunderten –

Fremd sah er aus
entrückt
fanatischer Bote einer anderen Welt –

zum Staunen ähnlich
dem Geschoßsplitter
der meine Mutter
beim Tieffliegerangriff
auf offenem Feld
um Haaresbreite
verfehlt hat –

Und wie sie
schloß ich die Hand
um das scharfkantige Stück
steckte es in die Tasche
ohne zu wissen
warum

APFELBAUM

Sonett, von hellen Blüten skandiert –

Ungespieltes Cembalokonzert
dessen Noten in der Mittagsstille
sich selbst leise summen –

Virtuos in jeder Krümmung seiner Zweige –
Verträumt – doch ohne großen Traum –

Leidenschaft ist ihm fremd
wie die Melancholie –

Der Hand jedes Schöpfers fügsam –
Musterschüler der Teleologen –

Geschlossenes System
ohne irrationalen Rest –

Am Wurm im Apfel
an der Schlange
die sich den Stamm
wispernd
in Selbstgesprächen
emporrankt
trägt er keine Schuld –

Beim Sündenfall
war er nur Requisit –

Der Blitz der Erkenntnis
hat ihn nicht gespalten –

Ein Ahnungsloser
der noch immer glaubt
dieser Kosmos sei
ein Garten

Vermeer zum Beispiel

Bilder sind
Teilchenbeschleuniger –

Simulationen
des Urknalls –

Erzeugung
winziger schwarzer Löcher
die die ganze Welt
in sich einsaugen

für einen Augenblick

ROMANISCH

Auch dieser Quader
(gesäugt von Licht
gesättigt mit Stille)
kennt die Rastlosigkeit –

Auch dieser Quader
verbirgt unterm Ornat
seiner Glätte
das Büßerhemd
jeglicher Existenz –

fühlt in jedem Atomkern
den flammenden Schmerz
den rasenden Juckreiz
den diese Welt
nicht stillen kann

HELLER-BERGMAN-EXPERIMENT

Schöne Illusion
der Stille –

Zehn Minuten
in einem schallisolierten Raum –

und auch du
wirst sie hören –

die bestialischen
Posaunen
von Breugels
Engels-
sturz

Breugels Imker

Gesichtslose Wesen
in Schutzanzügen –

Als wären sie
Außerirdische
soeben gelandet
und bestürzt über
die tosende Dichte dieser Welt –

Behutsam
tragen sie Bienenkörbe
wie Behälter mit
radioaktivem Material –

Dabei ist die ganze
Landschaft um sie
metaphysisch verstrahlt

und die glühende Luft
dröhnt
von Engeln und Dämonen

BREUGEL

Selbst
das Korn
an der
Ähre
leuchtet
nur so
gelb
weil der
Dämon
fiebert
in ihm
und weil
die Gier
des Augs
unersätt-
lich ist
und ohne
Erlösung

STADTANSICHT, BAROCK

Siechenhäuser gab es hier
Pestgrüfte
Henkersbeil und Folterzangen –

Die Weißglut des Geistes
gemartert
vom Geist –

Doch aus der Ferne
leuchten die Dächer
aufgereiht
als hübsche Schneckenhäuser –

O Augenschein –
glänzender Firnis

Pinselspur
Schneckenspur

die über jede
Rasierklinge kriecht –

unverletzt

KAIN

Natürlich nicht der erste der einen Stein hob
Nicht der erste der das Gehirn seines Bruders
auf die Erde spritzte
Doch als ersten traf ihn dabei
der Blitz der Selbsterkenntnis
Als erster krümmte er sich vor Reue
Beseitigte Spuren. Suchte Ausreden
Wälzte sich in Dornen – keuchend im Kampf
mit seinem Über-Ich
Als erster sagte er sich:
Du bist nicht der erste und nicht der letzte!
Es muß weitergehen!
Darin war er sich einig
mit seinem Gott
Und erfand Verdrängung
und Sublimierung
Und zeugte Kinder
fähig zu Mord Reue Verdrängung Sublimierung
Und gründete eine Stadt
in der es nicht schlechter zuging
als in jeder anderen Stadt
in der die Mordrate
nicht höher lag
als in Babylon
oder Kapstadt
und in der die Künste
zum ersten Mal
aus blutigem Lehm
Erstaunen schöpften

INKARNAT

Unsere Haut
nackteste aller Häute –
Was für ein Wunder
über der geheimen Arbeit von
Knochen Sehnen Organen
über dem unwahrscheinlich grellen
Rot unsres Blutes
über der dunklen Grundierung
von Zweifel Verwirrung Schlaflosigkeit:
diese helle Lasur –

Glatt wie die atmende Oberfläche
eines Meeres
ein Schimmer von Morgenlicht
ein Frösteln Erröten
leuchtender als jedes
leuchtende Weiß aus dem
sich die Nacktheit schält –

Die flüchtige Wolke
der ins Licht bauschende Vorhang
die geäderte Karte
gilbend im Hintergrund
des Gemäldes –
sie vermögen es nicht
diesen pulsenden Fleischton
nachzuahmen
der einzigartig ist
in seiner Verletzlichkeit
die Farbe wechselt
unter einer Geste
einem Blick

und plötzlich

Ewigkeit wird
in der Berührung
einer Hand
eines Pinsels

JACK THE DRIPPER
(Hommage à Jackson Pollock)

Als hätte einer dem Licht
die Pulsadern geöffnet –

über einer weißen
Leinwand

Le Déjeuner sur l'herbe
(nach Édouard Manet)

Das Laub ist schattig
doch der Himmel ist leer –

Die Frucht glänzt
doch der Himmel ist leer –

Die Haut duftet
doch der Himmel ist leer –

Verlorene Kinder
sitzen im Gras –

traurig ratlos –

Doch entronnen
den blutigen Gelagen
der Götter
die am Ende
die eigene Brut
verschlingen

Notiz in Damaskus

Holbeins Christus
vertikal –

am Metzgerhaken

der einzelne
Hammel

so restlos
ausgeweidet
ausgeschlachtet
bis ins Weiße –

Der Straßenlärm
verstummt
vor diesem
Schrei

nach Auferstehung

LA RESSUREZIONE
(Piero della Francesca)

Wir sehen ihn nicht
den zweiten Urknall
der dem Anfang
den Atem nimmt –

(Das Licht so gewaltig
daß nicht einmal
Schwarz bleibt –

Die Bilder so dicht
daß kein Bild existiert –)

Erst im Wimpernschlag danach

erwachen die Farben
des Freskos

erhebt sich der Körper

so kühl als stiege er
aus einem Fluß –

doch mit Augen
verstörender
als das Nichts

Römische Katakomben

Ich stieg hinab
die Quelle zu suchen

dort in der Kühle im Dunkeln
mußte sie
noch immer sprechen

rein klar
und unerschöpflich
mit der Kraft
einer eisigen
Feuerzunge –

Doch nicht sanfter Quell war da

sondern Tiefsee –

Tonnenlast
die auf mich niederdrückte

mir die Lungen
kollabieren ließ

mich preßte
zu einem Punkt

zur Nichtexistenz –

Kopflos
um Atem ringend
tauchte ich wieder
ans Licht –

Ich bin ein Geschöpf
der Oberfläche –

Ich lebe vom Wellengleißen –

Hier
geschieht meine Erlösung –

Hier
oder nirgendwo

Hostaria Costanza
(In memoriam Gerhard Ott, 1936–2008)

Dieser eine Septemberabend
damals in Rom –
Piazza del Paradiso!
Welche Adresse! Geschaffen für dich!
Unter uns die Ruinen des
Pompeianischen Theaters wo
Julius Cäsar erdolcht wurde –
Wir aber saßen uns gegenüber
aßen farcierte Oliven und
geräucherten Schwertfisch –
Der Wein leuchtete wie Meßwein –
Zwischen deinen Fingern glomm noch
die Davidoff-Zigarette
Dein Herz schien noch stark genug
für das nächste Jahrtausend
und dein Glaube hätte für uns
beide gereicht – weit über diese
Welt hinaus –
Wir sprachen über den Caravaggio
den du mir gezeigt hattest
und wie im grellen Lichtstrahl
des eintretenden Christus
selbst die schmierigen Münzen
der Spieler aufgleißen –
Dann bezahltest du für uns
und wir gingen –
Noch seh ich deinen Rücken
im dunklen Theatersaal
des schließenden Restaurants –

Nun bist du fort – verschwunden
unerreichbar wie Julius Cäsar
wie Caravaggio –

Von der Zigarette ist nicht einmal Asche geblieben
vom Fisch keine Gräte
von Worten und Münzen
nur das Gleißen –

und die Adresse
die du vielleicht
gar nicht
gewechselt hast

4

Beim Füttern der Vögel

Wie sie den Tod
im Nacken haben –

Hochempfindliche Granaten
aus Federn und Furcht
die beim geringsten Geräusch
in die Luft fliegen –

Nach jeder Detonation
stellen sie fest:
Wir sind noch da!

– in dieser oder
schon in einer anderen Welt –

und lassen sich
erneut nieder –

Wiedergeborene
Auferstandene

doch noch immer
einen scharfen Zünder
als Seele

ARCHAISCH

Plötzlich
fällt mir der
Kopf wieder ein
der schwarze
gesichtslose Kopf
aufgespießt
auf dem Treppenpfosten
im Hausgang
meiner Großmutter –

Diese zerschundene Holzkugel
(der halsdicke Zapfen saß locker)
die wir Kinder
immer wieder abzogen
um einander zu erschrecken –

Die Großmutter ist lange tot –
Das Haus gehört der Bank
die es einstürzen läßt –

Doch dort
im unbetretbaren Dunkel
von keinem gesehn
steckt der schwarze Kopf
noch immer
auf dem Pfosten –

wie ein blinder Zeuge
wie das Signum
einer Greueltat

Sehr alte Bäuerin

Ihr Gott war hart

Ihr Katechismus –
das Dengeln einer Sense

Wenn der Priester
den Kelch hob
vollzog sich ein Opfer

unbegreiflicher
als der Blutrausch
des Katers der im Stall
die eigenen Jungen
zerfleischte –

Erspähtes Licht –

nur durch die Ritzen
eines Heustadels
in der Mittagsglut

SELEKTION

Als der Feind einbrach
mit größter Kaltblütigkeit
noch die Tasse Kakao
ausgetrunken –

Dann aufs Pferd
das im Anprall der
Menschenmassen
mehrere hundert Meter
getragen wurde
ohne daß seine Hufe
die Erde berührten –

Gestürzt
sich unter dem keuchenden
Pferdeleib
herausgearbeitet
im Aufstolpern
dem langen Engländer
den Säbel durch den
Leib gestoßen
dann den Stiefel
aufs Gesicht
und das Rapier
durch den Hals
daß es brach –

Die Evolution
bekränzt dem Sieger
die Stirn
mit gleißendem Morgenlicht

füllt ihm den Humpen
überschäumend
voll Bier

und adelt seine Gene
durch Fortpflanzung

in möglichst vielen
an den Haaren herbeigezerrten
Bauernmägden

Vom Feuer

Zuletzt verschwand
sein Bewußtsein –

Vom Ich blieb nur
der Schmerz –

Vieh das brüllt
eingeschlossen
in einem brennenden Stall –

Wir standen

Gaffer
vor einer Feuerwand –

warteten

bis das Brüllen
leiser wurde

verstummte

Als nur noch Asche da war
gingen wir

Käfer

Lebewesen
die nicht schreien –

Unter der Flamme
des Schmerzes
krümmen sie sich lautlos
verschrumpeln
falten ihr bescheidenes Ich
sorgsam
als winziges
grau schillerndes Cape
immer kleiner
immer kleiner
zu einem mathematischen Punkt
zu Nichts –

zu wohlerzogen
die Welt zu belästigen
durch eine Klage –

In der Ewigkeit
ist für sie
kein Platz vorgesehn –

Weniger
als ein Seufzen im Limbus
wiegt ihr
fügsames
Martyrium

STECHMÜCKENJAGD

Bei jedem Schlag
klebt Blut an meiner Hand –
Stechmückenblut
mein Blut
das Blut meiner Frau
meiner Kinder –

Fanatisches Pogrom

über dem rasend
die Panik der letzten
Überlebenden schwirrt –

Der große Mückengott
zu dem sie schreien –

machtlos
tanzt sein langbeiniger
Schatten
auf der Mauer

bis mein Gott
ihn erschlägt

Vom Trost der Wahrheit

Ich denke an
jene empfindsame Dame die
ihren Lebensmut
von Zeit zu Zeit stärkte
indem sie dem
berühmten Philosophen zusah
wie er mit gutem Appetit
ein Schnitzel verspeiste

PHÄNOMEN

Die beiden ältlichen
Schwestern
Schwestern

nicht zu unterscheiden

Wie Spiegelbilder
Spiegelbilder –

Das gleiche Kopftuch
Kopftuch
Der gleiche bunte Rock
bunte Rock
Die gleiche Puppe
Puppe
in den Arm gepreßt –

Wie sie gleichzeitig sprechen
sprechen
sich räuspern
räuspern
lamentieren
lamentieren
im gleichen Singsang:

Der Mann war böse zu uns
böse zu uns
sehr böse
sehr böse –

Wenig bekannt über
das Phänomen
Phänomen

über das wir
nur eines
sicher wissen
sicher wissen

daß es so etwas

nicht geben darf
nicht geben darf

Leib

Dieser aussichtslose Kampf
im Fitness-Studio
mit Diäten –

Diese Sucht
vor Spiegeln zu bestehn –

Den letzten Spiegel
verhüllt noch
ein Vorhang –

Am Jüngsten Tag
werden wir ihn lüften

mit den bebenden Fingern
des Dorian Gray

NACHSAISON

Vor leerer Bühne

Geisterapplaus
der Wellen

will und will nicht verebben –

Die Sonne
hinter den Klippen:
eine alternde Diva
die in ihrer einsamen Villa
hoch über dem Meer
nach Schlaftabletten sucht

Sondervorstellung

Am hellen Vormittag –

Aus leuchtendem Himmel
scheppernd
herabgekurbelt
der *deus ex machina* –

Iuppiter tonans tritt auf –

greiser Mime
viel zu pathetisch
mit funkensprühenden Brauen

und spaltet mit einer
einzigen Silbe
die Bühne

daß aufgemalte Wolkenkratzer
und Fernsehtürme wanken –

Noch draußen in den Gängen
klirren die kosmischen
Kronleuchter –

O theatrum mundi!
Welche Akustik!

Für Augenblicke verschlägts dir
dein zerebrales
Logengetuschel

DEMONSTRATION

Was ist Finsternis?

Finsternis ohne
Mond und Sterne
ohne regenschimmernden Asphalt
ohne Restlicht in
Augäpfeln –

Nicht Mitternachtsschwarz –
Nicht Steinkohlenschwarz –
Nicht Rabenfederschwarz –

Finsternis
rein und vollkommen
wie die mathematische Null –

Finsternis
nicht einmal mehr
als Gegenteil von Licht
absolute Funktion
des Nichts –

Der Augenblick
im Bergwerksstollen
als der Führer
zur Demonstration
für einige Sekunden
das Licht ausschaltete –

Das Höllenfeuer
erscheint mir seither
als Gnade

IM HERZEN DER PYRAMIDEN
im Herzen der Mathematik

diese Schlaflosigkeit
diese Verzweiflung
diese Sehnsucht –

daß die Unendlichkeit
endlich
ende –

Im ägyptischen Exil

O Herr –

die Ewigkeit hier
gleißt kalt
und unerbittlich –

ein Diamant gepreßt
aus Totenasche –

seine Spitze
zerschneidet das Licht –

Führ uns
in ein Land
wo die Ewigkeit
vergehen darf –

sprudelnder Quell
Kindergelächter

Von der Stille

Alles geschieht gleichzeitig
Jeder Augenblick
ist im Entstehen schon
vergangen –

Über jeden Laut
legt sich die Stille
des Endes
das immer schon
geschehen ist –

Totenstille ruht
über der Schöpfung

Die Stille des Nichts
die so vollkommen ist

daß du in ihr
ein Rauschen
zu hören glaubst –

erstes Rauschen
einer neuen Schöpfung

5

NUNC

Es verbirgt sich
unter den schattig-grünen Lidern
des Augenblicks –

(Wie lange hältst du es aus
nicht zu blinzeln?)

Es läßt sich mitschleifen
vom Kreischen der Straßenbahn
bis zur nächsten Ecke –

Es steht
inmitten der pulsierenden
Fontäne
und besprüht deine Wangen
mit Helle –

Es ist ein Skalpell
so unendlich scharf
daß das Herz den Schnitt
nicht spürt

Von den Prognosen

Helle Zeiten
als die Propheten noch irrten
Weltuntergänge prognostizierten
für leuchtende Frühlingstage –

Doch beunruhigend oft
treffen die Wettervorhersagen ein
Nostradamus und die Ökonomen
behalten recht
Die Luft wird dünn
Die Polkappen schmelzen –

Fast wagt man nicht
den Glückskeksspruch
zu entfalten

Von der Müdigkeit

Unbemerkt fliegt sie dich an
saharasandfein –

Sie legt sich auf deine Lider
auf das Sommerlaub
auf die schreibende Hand
sie ist plötzlich überall
zwischen Wörtern
Blicken
Berührungen –

Sie stört dich nicht sehr
Sie ist leicht wie Blütenstaub
aber nach einer Viertelstunde
unter der Dusche
fühlst du sie immer noch –

Sie kommt von weither
sie ist viel älter als du

Sie hing schon als Staub
auf den Schilden
der besiegten
Legionen

September

Das gottverlassene Rattern
der Metro
wo sie ans Licht fährt –

Als hätte eine
sehr sanfte Hand
den Himmel geschächtet –

Von Glasfronten
trieft
goldenes Blut

ZWISCHENREICH

Die Unterwelt hart
vom ersten Frost –

In der Höhe tosen
Orkane von Licht –

Ein verlorenes Zwischenreich –
die Vorgärten:

Alte Männer zerren
glänzende Leichensäcke
hinter sich her
schwitzend keuchend

und wissen nicht
wohin damit –

das Licht will
den Tod nicht haben

und die Erde auch nicht

NOVEMBERTAG

Der Wald
sonst erfüllt von
geheimem
raschelndem Trost –

heute gestorben

Ruinenstadt –
Nekropole von Piranesi –

Als stiege er aus
Opferschalen
Krematoriumsöfen

so steht
vor meinen Lippen

der Rauch

Jenseits der Lebensmitte

Verlust des Zeitgefühls –

Jahre verschwinden
zwischen zwei Lidschlägen
Sekunden dehnen sich
zu Lichtjahren –

Eherne Maße?

Nicht einmal die antike Gewißheit
daß ein Amboß
vom Rand der Weltscheibe ge-

worfen
neun
Tage
und
neun
Nächte
stürzt
ehe
er

aufschlägt
im Tartaros

VOR EINEM ÄGYPTISCHEN SARKOPHAG

Dies ist das Totengericht –

Dies sind die 42
furchtbaren Totenrichter –

Schreckgesicht
Messerauge
Brennender
Knochenzermalmer
Eingeweidefresser
Blutverschlinger

und all die anderen
mit den Tierköpfen
die Feder des Gerichts
in der Hand –

Sie umringen mich
ihre Blicke
spießen mich auf –

Habe ich nie
eine Träne verursacht?
War ich nie hitzig?
Habe ich niemals
unbedacht geredet?
Kam kein Unheil
durch mich?

Mein Herz
auf der zitternden Waagschale
sinkt –

Achselzuckend
gehe ich weiter
zur nächsten
Vitrine –

während hinter mir
das Monstrum
(Mischwesen aus
Nilpferd Krokodil
und Löwe)
mein Herz
schmatzend
verschlingt

Von der Besessenheit

Meine Dämonen treiben mir nicht
den Schaum auf die Lippen
kratzen mich nicht blutig
schleudern mich nicht ins Feuer –

Ihre Leidenschaft könnte
keine Schweineherde
in den Abgrund stürzen –

Meine Dämonen sind winzig
primitive Organismen
die in Ritzen Spalten hausen
und das Helle fliehn
Gäste bekommen sie
nicht zu Gesicht –

Nur wenn das Licht angeht
in einem dunklen Zimmer
sehe ich manchmal
ihre Schatten
huschen –

Ja, meine Dämonen sind
zum Entsetzen
banal –

Der Schaden den sie anrichten
ist vergleichsweise gering –

Ich habe mich mit ihnen
arrangiert –

Es wird fast unmöglich sein
sie auszutreiben

Sirenen

Stürz dich
in ihren heulenden Gesang
in ihre zerfleischenden Klauen

mit solcher Gewalt

daß sie fliehn

6

SUCHT

Von den Drogen die stärkste:
das Licht –

Du bist süchtig
mit dem ersten Blick –

Es öffnet sich dir
in jeder Blüte
als tiefere Blüte –

In jeder Stadt
suchst du nur
das Licht –

Selbst im Dämmer
der Kathedralen
ist keine Zuflucht –
dein Verlangen
wächst dort
zum Brausen –

Du wirst nie loskommen
vom Licht –

außer
durch stärkeres
Licht

BELLADONNA

Ein Tropfen
in jedes Auge –
es brannte kaum

Dann schickte man mich
auf einen Spaziergang:
das Gift sollte wirken
die Pupillen sich weiten
zur Untersuchung –

Ziellos lief ich
durch die Straßen
die plötzlich
zu leuchten begannen
zu strahlen
heller und heller
Welcher Ausbruch
von Festlichkeit!
Rausch des Sehens!
Welches Gleißen!
Jedes Ding entstellt
entrückt
von nie geschautem Glanz!
Prozessionen verklärter
Gestalten wandelten
auf mich zu
Insel der Seligen
Lichtpalmen winkten
mitten im Verkehrsgebraus
während ich weiterlief
im Taumel –

Meine Netzhaut
ausgesetzt
wehrlos
gegen die überbelichtete
Schöpfung

die grundlose
Ekstase

die Klinge
aus Licht

GROSSSTADT, HITZEWELLE

Straßen
evakuiert vor der Mittagssonne
Am verwaisten Bistrotisch
verschießt eine Gabel
Blitze
Eine Papierserviette
fächert sich auf
in Zeitlupe
Die staubtrocknen Bäume
starren reglos
Nachrichtensperre
Als stünde unmittelbar
die Invasion bevor
Ich fiebere
nach jeder neuen
Katastrophe
des Lichts

SCHNEESTURM

Weißer Amoklauf –

Heiliger Gewaltrausch –

Das Licht hat
den Verstand verloren –

Im Kastanienwipfel
tanzt Kali
vielarmig
ihren rasenden Vernichtungstanz
mit herausgestreckter
Zunge –

Nur eine einzelne
Blatthand

zeigt die
Mudra:

Fürchte dich nicht!
Ich bringe
Verwandlung!

Ich besuchte das Licht

Einen ganzen Nachmittag
saß ich auf der Kante
der Worte

bereit zu gehen
beim leisesten Wink

Doch das Licht sprach
so geduldig
als hätten wir
die Ewigkeit –

Am Ende
schien es fast gleichgültig
wer wen
besucht hatte

JENES LICHT
das auf Grashalmen zirpt –

Jenes Licht
das Kathedralen baut –

Jenes Licht
das dich anfällt
als Raubtier –

Jenes Licht
von dem du nur weißt:
es ist
kein Licht

Dante lesend auf einer Zugfahrt

Ich las vom Limbus
vom Seufzen und Stöhnen zitternd durch
ewig unerlöste Lüfte
Ich las vom Selbstmörderwald
dem blutenden Dornicht
in das die Harpyien sich heulend stürzen
Ich las vom siedenden Blutsee
und von den feurigen Felsenzisternen
darin kopfüber die Seelen stecken
mit brennenden Sohlen
Ich las von den mit Schwertern Zerstückten
und Ausgeweideten
von Verdammten die einander
die Schädel zerbeißen
wie Hundeknochen –

Und vor den Fenstern
erhob sich der Morgen
mächtige Wipfel
berauschten sich am Glanz
als lauschten sie atemlos
dem Ketzer Origenes
der am Ende
selbst die Hölle
und alle Dämonen
emporreißt
ins Licht

FINALE

Zuletzt verwesen
auch Mond
und Sonne

zwei riesige
angeschwemmte
Kadaver

mit ihnen
verwest alles Licht –

...

Jetzt heb
die nie geöffneten
Lider!

Jetzt
schau!

Tertia die

Hier endet
die Sprache –

Die letzten Worte
sind Schatten –

Schatten dreier Frauen
die in der Morgendämmerung
von meinem Blatt
verschwinden –

Kehren sie zurück?

Die Frauen
kehren zurück –

Doch wo sind
ihre Schatten?

INHALT

1

Hand des Neugeborenen · 7
Lettern · 8
Schon das Atom · 9
Tontäfelchen mit dem ersten Alphabet der Welt · 10
Baum der Erkenntnis · 11
Warum schreiben Sie keine Romane? · 12
Jetzt · 13
Der Kometenjäger · 14
Große Ferien · 16
Mythologisch · 17
Bahnhofshalle · 18
Campo de' Fiori · 19
Stummes · 20

2

Auf einen Apfel · 23
Alice in Wonderland · 24
Lichtverhältnisse · 25
Du, barfuß · 26
Orpheus · 28
Stecknadelstille · 29
Detail · 30
Zum Beispiel · 31
Blolo-Bla- und Blolo-Bian-Statuetten · 32
Schönheit · 33

3

Tage wie dieser – · 37
Glückskekse · 38

Susanne Katharina auf dem Totenbett · 39
Für die Engel · 40
Boten · 42
Apfelbaum · 44
Vermeer zum Beispiel · 45
Romanisch · 46
Heller-Bergman-Experiment · 47
Breugels Imker · 48
Breugel · 49
Stadtansicht, barock · 50
Kain · 51
Inkarnat · 52
Jack the Dripper · 54
Le Déjeuner sur l'herbe · 55
Notiz in Damaskus · 56
La Ressurezione · 57
Römische Katakomben · 58
Hostaria Costanza · 60

4

Beim Füttern der Vögel · 65
Archaisch · 66
Sehr alte Bäuerin · 67
Selektion · 68
Vom Feuer · 70
Käfer · 71
Stechmückenjagd · 72
Vom Trost der Wahrheit · 73
Phänomen · 74
Leib · 76
Nachsaison · 77
Sondervorstellung · 78
Demonstration · 79
Im Herzen der Pyramiden · 80
Im ägyptischen Exil · 81
Von der Stille · 82

5

Nunc · 85
Von den Prognosen · 86
Von der Müdigkeit · 87
September · 88
Zwischenreich · 89
Novembertag · 90
Jenseits der Lebensmitte · 91
Vor einem ägyptischen Sarkophag · 92
Von der Besessenheit · 94
Sirenen · 95

6

Sucht · 99
Belladonna · 100
Großstadt, Hitzewelle · 102
Schneesturm · 103
Ich besuchte das Licht · 104
Jenes Licht · 105
Dante lesend auf einer Zugfahrt · 106
Finale · 107
Tertia die · 108